OBSERVATIONS

EN FAVEUR DES CRÉANCIERS,

Sur les Résolutions des 30 Germinal et 18 Floréal de l'an V, concernant les transactions faites entre Particuliers, pendant le cours du Papier monnoie.

DE toutes les atteintes portées, jusqu'ici, à la Constitution, aucune n'auroit encore été aussi funeste dans ses conséquences que ces resolutions, si elles acquéroient force de loix.

1°. Elles donnent un effet rétroactif à la loi.

2°. Non seulement elles attribuent au Corps législatif l'exercice du pouvoir judiciaire; mais encore elles intervertissent toutes les règles de la justice; puisque les parties intéressées se trouveroient jugées, sans avoir été entendues, ni même appelées en cause.

3°. Elles violent ouvertement les droits les plus sacrés de la propriété.

4°. Elles anéantissent l'égalité de droits, en établissant, en faveur des uns, un privilége odieux, au détriment des autres.

5°. Elles rétablissent l'arbitrage forcé, qui

A

a été supprimé par la Constitution, en privant les citoyens du droit qu'ils ont de choisir eux-mêmes leurs experts, dans tous les cas où l'expertise est nécessaire.

6°. Ces projets de loix sont impolitiques, sous tous les rapports, et ne tendent à rien moins qu'à faire naître dans la société les plus cruelles dissentions, et des débats interminables qui entraîneroient la ruine de tous les créanciers.

Pour se convaincre de ces vérités, il il suffira de jetter un coup-d'œil rapide sur les événemens qui ont précédé, et d'en faire le rapprochement avec les circonstances où nous nous trouvons aujourd'hui.

Dès le commencement de la Révolution, on a créé un papier-monnoie, pour remplacer dans la circulation, le numéraire métallique, et servir dans tous les payemens et transactions qui se feroient, tant du Gouvernement aux particuliers, que de particulier à particulier.

Avant d'aller plus loin, il convient de fixer les idées sur ce mot Monnoie, car ce n'est que par des définitions exactes que l'on peut apprécier la véritable nature des choses, et éviter les erreurs grossières qui se commettent, si souvent, faute de s'entendre dans la décision des affaires les plus simples et les moins compliquées.

En général la monnoie , suivant la véritable acception du mot , n'est autre chose qu'un signe de valeur, un signe de convention pour servir d'échange et fixer le prix de chaque chose dans le commerce , et autres relations que les hommes ont entr'eux dans la société. Que la matière qui compose ce signe soit d'or, d'argent ou de tout autre métal , ou simplement du papier dont la nature est si différente des métaux cela doit être indifférent , parce que ce n'est pas la matière principalement qui constitue la monnoie, mais bien l'empreinte qui lui est donnée, jointe à la loi du Souverain à qui seul appartient, dans tous les pays, le droit d'en fixer le prix et la destination. Ainsi donc un des principaux caractères de cette institution est que la monnoie, qui a cours , de quelque matière qu'elle soit composée, doit avoir une valeur fixe, invariable et absolument indépendant de toutes les fluctuations de l'opinion. Cela est si vrai qu'une monnoie d'argent, par exemple , dont le titre de fin seroit de moitié inférieur au titre du même métal non monnoyé, qui se vend dans le commerce, auroit également cours, et conserveroit, malgré cette dépréciation apparente, toute la valeur qui lui auroit été assignée par la loi. Il faut aussi que le cours de la monnoie soit forcé , et qu'il ne puisse être permis à personne de la refuser dans la circulation et sous aucun prétexte; autrement ce que nous appellons monnoie, cesseroit d'être monnoie, et ne seroit plus qu'une marchandise, un simple objet de commerce dont la valeur pourroit varier à toutes les heures du jour. Enfin une dernière qualité encore essentielle à toutes sortes de monnoies, est que celui qui la transmet à un autre, dans toute espèce de convention, la transmette, sans aucune garantie de sa part, si ce n'est celle de la falsification; mais, hors ce cas, et la monnoie une fois hors de ses mains , elle demeure aux périls et risques de celui qui l'a reçue, quelques soient les évènements.

Certes voilà bien la théorie et le principe fondamental de tous les systêmes monétaires: tel a été aussi le principe sur lequel a reposé celui des assignats et des mandats; qu'on lise les décrets de leur création et toutes les autres loix préexistantes rendues à leur sujet, ne verra-t-on pas qu'ils étoient en tout semblables, à la monnoie de métal, par leurs effets. Non-seulement ils devoient la remplacer, mais encore ils devoient seuls en faire l'office, la monnoie ancienne ayant été expressément bannie de la circulation; et des peines rigoureuses prononcées contre ceux qui les refuseroient, ou traiteroient autrement qu'en assignats dans tous leurs engagemens et transactions ; or, qu'est-il résulté de ces dispositions ? que le goûvernement, comme les particuliers qui ont payé leurs dettes avec des assignats ou des mandats, pendant tout le temps qu'ils ont eu cours forcé de monnoie, sont aussi valablement libérés que s'ils s'étoient acquittés en espèces d'or ou d'argent : par la même raison aussi, tous ceux qui, dans les transactions ou autres contrats volontaires, ont stipulé et payé dans la même monnoie, c'est la même chose, à leur égard, que s'ils avoient fourni des espèces sonnantes ; car, ne seroit il pas souverainement injuste et contradictoire tout-à-la-fois de prétendre que le même papier valût intégralement de l'or quand on me contraint de le recevoir en paiement d'une obligation, et qu'il cessât d'avoir la même valeur, lorsque, dans un contrat sinallagmatique, passé de bonne foi et librement entre majeurs, je l'aurai employé, comme clause fondamentale du traité, d'accord et de convention expresse avec les autres parties contractantes ; or, c'est pourtant cette injustice et cette contradiction révoltante qui forment la base des cinq résolutions susdatées ;

Aiij

d'un côté, on veut que tous paymens, remboursemens et consignations faits en papier-monnoie vaillent, comme s'ils avoient été faits en écus, malgré même les protestations des créanciers ; de l'autre, on veut que les mêmes valeurs fournies, dans toutes sortes de contrats et obligations, sans en excepter les rentes viagères et les pensions, soient réduits, au taux de la dépréciation qu'a, dit-on, éprouvé le papier-monnoie dans le commerce ; c'est-à-dire, on veut, par une contradiction dont il n'y avoit pas encore eu d'exemple jusqu'à présent, que le papier-monnoie ait été tout-à-la-fois monnoie et marchandise ; enfin, on veut, par une violation de toutes les formes, que cette réduction ait lieu, d'après un tableau de dépréciation, qui seroit dressé d'office dans chaque département, sur le rapport d'experts nommés par les administrations centrales, hors la présence et sans l'intervention des parties intéressés, ensorte, par exemple, qu'un capital de 100,000 liv. stipulé et payé dans un contrat, pour prix d'une obligation, pourroit être réduit à 10000 liv. ou peut-être moins ; la même chose arriveroit pour les rentes et pensions, c'est-à-dire, en d'autres termes qu'on propose, sans forme de procès, une banqueroute générale de tous les débiteurs envers leurs créanciers, ou à-peu-près une abolition de dettes ; certes , si un pareil expédient est un coup mortel pour la classe malheureuse des rentiers et pour une foule de citoyens qui, aussi étrangers aux affaires qu'à l'intrigue , ont placé, avec désavantage , des sommes dues originairement en argent, qu'ils ont été contraints de recevoir en papier ; il faut convenir qu'il rempliroit parfaitement le but de tous les agioteurs et des spéculateurs avides qui, non contens d'avoir fait dans ces temps malheureux, des fortunes si scandaleuses avec les fonds d'autrui , voudroient encore consommer la ruine de leurs infortunés créanciers , mais la justice et la constitution sont là , qui s'opposeront toujours à une entreprise aussi monstrueuse.

En effet, pour revenir ainsi sur le passé, et annuller en tout ou partie, les transactions faites en papier , il faudroit pouvoir aussi anéantir les loix pré-existantes , en vertu desquelles, et sur la foi desquelles ces stipulations ont été contractées. Que le corps législatif abroge une loi ancienne , qu'il en fasse une nouvelle , dérogatoire à la première , c'est un droit qu'il a, que personne ne sauroit con-

A iv

lester ; mais cette loi subséquente peut elle influer sur ce qui a précédé ? Non, elle ne peut embrasser que l'avenir , et tout ce qui a été fait en vertu des loix antérieures , quand même elles seroient reconnues vicieuses, doit avoir sa pleine et entière exécution, autrement il n'y auroit plus aucune stabilité dans l'ordre social , et si le corps législatif, auquel la nation a déjà conféré d'immenses pouvoirs , avoit encore celui de donner un effet rétroactif à ses nouvelles loix ; à quels dangers la liberté publique et les propriétés ne seroient-elles pas sans cesse exposées. C'est donc pour prévenir d'aussi funestes abus, dont nous avons déjà fait une si cruelle expérience , pendant le régime révolutionnaire, que la déclaration des droits et la charte constitutionnelle, portent formellement qu'aucune loi , tant civile que criminelle, n'aura jamais d'effets rétroactif. Ceci posé , quand il s'agit, comme dans le cas présent, de juger du mérite des actes qui réglent le sort et la fortune des particuliers, il n'y a donc qu'un parti à prendre, c'est de consulter les loix qui existoient au tems où les conventions ont été faites ; or, ici que disent ces loix ? elles disent, par exemple, que 100 liv. en assignats représentoient

100 liv. en écus, et étoient absolument une seule et même chose, c'étoit la seule monnoie du souverain, la seule monnoie courante; donc si j'ai prété 100 écus en assignats, et qu'au jour de l'échéance, il n'y ait plus d'assignats dans la circulation, mais bien des écus, il faut que mon débiteur me paie en écus la même somme qu'il a reçue de moi en assignats, parce que ce n'est pas précisément des assignats qu'il s'est obligé de me payer, mais bien une somme fixe, en livres, sous et deniers; parce que le changement survenu dans le signe monétaire, ne sauroit changer la nature de la dette ni l'obligation du débiteur; et qu'enfin aucune puissance n'a le droit de détruire la loi souveraine que les parties elles-mêmes se sont faites par leur convention, quand d'ailleurs elle ne contient rien de contraire à l'ordre public.

En vain veut-on, pour donner quelque apparence de justice aux projets de loix, se prévaloir de la dépréciation du papier dans le commerce, résultant du renchérissement des immeubles, denrées et marchandises, et distinguer la valeur légale d'avec celle de l'opinion, au point de donner à celle ci, comme on a fait, une importance prépondérante sur la première.

A v

D'abord, il est une vérité constante que personne ne sauroit révoquer en doute, c'est que les assignats, comme les mandats, jusqu'au moment de leur démonétisation, n'ont jamais cessé d'être reçus pour argent comptant, et pour leur valeur nominale, dans toutes les caisses publiques, soit en acquisition de biens nationaux, soit en paiemens d'impositions, ou en placemens de fonds dans les divers emprunts publics qui ont été ouverts à la trésorerie nationale pendant la révolution. Il est également certain que chaque débiteur pouvoit contraindre son créancier à les recevoir comme des écus, quelle que fût l'origine de la dette, et personne n'ignore avec quelle extrême facilité tous les débiteurs ont usé de ce droit, vis-à-vis de leurs créanciers, dans le tems de la plus grande dépréciation; et si quelques-uns sont restés de l'arrière à cet égard, ils ne peuvent s'en prendre qu'au corps législatif, qui, certes, n'avoit pas le droit de suspendre, comme il a fait, aucuns paiemens ni remboursemens, et d'arrêter ainsi le cours de la justice dans le moment surtout où le papier continuoit d'avoir cours dans la circulation, et lorsque le gouvernement ne cessoit pas de payer tous les créanciers de l'état avec ce même papier. Or, que conclure

de tout ceci? Qu'il n'y a eu aucune dépréciation légale dans le signe de la valeur, qui
a toujours suivi jusqu'à la fin sa principale
destination ; et dès qu'il a conservé le carac-
tère primitif que la loi lui avoit imprimé, il
n'a pas cessé un seul instant d'être la monnoie
courante , la seule qui fût bonne alors.

Quant à sa dépréciation dans le commerce
et ce que l'on appelle valeur d'opinion, c'est
un pur accident, un cas fortuit qui ne peut
être d'aucune considération aux yeux de la
loi. Eh ! où en serions-nous , grand Dieu !
s'il falloit qu'elle varie sans cesse suivant le
caprice du public ? Enfin, que deviendroit
le sort des particuliers, s'ils en étoient réduits à n'avoir d'autres garans de leurs propriétés que l'opinion d'autrui ?

D'ailleurs , la dépréciation du papier dans
le commerce et le renchérissement de toutes
choses, sont des faits trop notoires pour que
les débiteurs aient pu les ignorer ; et si,
malgré cette connoissance, ils se sont en-
gagés volontairement , n'est-il pas évident
qu'ils savoient bien ce qu'ils faisoient , et
qu'ils ne se sont liés qu'en connoissance
de cause? Enfin, ne sait-on pas que, lorsque
le numéraire est très-abondant, c'est toujours
l'emprunteur qui fait la loi au préteur; et ce

qui le prouve évidemment, c'est le bas prix des intérêts qui ont été stipulés dans tous les actes et obligations faits en papier-monnoie? Les seules causes qui puissent donner ouverture à la restitution contre les contrats faits entre majeurs, sont le dol, la fraude, la violence; et en matière de vente, outre les cas ci-dessus, la lésion d'outre-moitié, mais pour les ventes d'immeubles seulement, car en fait de vente de marchandises et autres choses mobiliaires, jamais la restitution pour cause de lésion n'a été admise dans les tribunaux; et pour les ventes d'immeubles, le principe est qu'il n'y a que le vendeur qui puisse se plaindre de la lésion. Telle est à cet égard la jurisprudence ancienne, et l'avis de tous les jurisconsultes, qui doit être aussi de quelque poids. Or, venant à l'application, on ne peut pas dire ici qu'il y ait eu ni dol, ni fraude, ni violence, parce qu'en général le mal ne se présume pas, et que s'il y avoit quelques exceptions à faire à cet égard, ce seroient des cas particuliers sujets à une instruction juridique par-devant les tribunaux, mais qui ne pourroient jamais donner lieu à une loi nouvelle, puisqu'ils ont été prévus par les loix anciennes. Quant à la lésion résultant des valeurs portées dans les contrats et obligations, outre qu'elle n'est jamais un moyen de rescision, comme nous l'avons déjà observé contre les contrats mobiliaires, c'est qu'en la supposant admissible, comment croire qu'elle puisse exister dans des conventions comme celles dont il s'agit, où les valeurs stipulées entre les parties ont été fournies dans la monnoie légale, la seule qui avoit cours, et qui avoit en sa faveur, non-seulement le vœu de la loi, mais encore le consentement libre et volontaire de celui qui l'a acceptée ? Or, lorsque dans un acte la disposition de l'homme se joint à la disposition de la loi, il se forme un double lien qui rend le contrat indissoluble ; et vouloir le rompre, contre le vœu et la volonté des parties, c'est attenter à la liberté publique et violer les droits les plus sacrés.

Ainsi, que signifie donc cette distinction sophistique qu'on a voulu mettre entre valeurs métalliques et valeurs d'opinion, comme si la loi pouvoit jamais reconnoître d'autre monnoie que celle qu'elle a créée e le même ? Et devoit on s'attendre que des législateurs viendroient proposer de mettre la volonté de la multitude à la place des loix qu'ils ont eux-mêmes décrétées et fait exécuter ? D'ailleurs, cette opinion publique qu'ils invoquent aujourd'hui avec tant d'appareil, ne l'ont ils pas foulée aux pieds lorsqu'ils ont émis pour 50 milliards de papier-monnoie dans la circulation ; lorsque pendant six années consécutives ils ont payé avec ce même papier, jusqu'à ce qu'il soit venu à rien, les rentiers, les pensionnaires, les fonctionnaires publics, les armées, et généralement tous les créanciers de l'état, et lorsqu'enfin ils prononçoient des peines capitales contre ceux qui négocieroient ce même papier contre des espèces d'or et d'argent ? Or, il n'y a donc pas de milieu : ou le papier-monnoie, pendant tout le tems qu'il a eu cours, a été en tout semblable au numéraire métallique, ou il ne faut le considérer que comme de la fausse monnoie. Au premier cas, tout ce qui a été fait jusqu'à ce jour doit subsister ; au second cas, et s'il étoit possible de s'y arrêter, malgré les loix antérieures et les considérations que nous avons déjà alléguées, il ne suffiroit pas de revenir contre les transactions faites entre particuliers, il faudroit également revenir tant contre les paiemens et remboursemens déjà faits de particulier à particulier, que du gouvernement aux particuliers, et généralement contre tous les actes et stipulations qui se sont faits pendant le cours du papier-monnoie, sans aucune

exception , et il est clair , dans cette hypo-
thèse , que ce seroit au gouvernement , en
dernière analyse , à indemniser tous ceux qui
ont souffert de cette calamité , comme en
étant le seul et unique auteur : mais s'il est ,
comme on n'en sauroit douter , dans une im-
puissance absolue de faire face à une garantie
qui absorberoit tous les trésors de l'Europe ,
ne seroit-ce pas de sa part le comble de la
perversité , de rendre les particuliers respon-
sables d'une garantie dont lui seul est tenu
et à laquelle il ne peut suffire ; et par cela
seul qu'il ne sauroit réparer le dommage par
lui occasionné , ne s'ensuit-il pas , au contraire , la nécessité indispensable de laisser
subsister les choses dans le même état où les
circonstances les ont amenées ? Car , sous le
spécieux prétexte de vouloir guérir les plaies
de la patrie , le remède seroit mille fois pire
que le mal , par le bouleversement général
des propriétés et par des procès ruineux et à
l'infini qui occasionneroient une véritable
guerre intestine. Cette vérité , qui a frappé
tous les bons esprits , n'a pas échappé non
plus aux auteurs du projet ; ils l'ont si bien
sentie , que , pour diminuer les obstacles , ils
ont eu grand soin d'excepter de la réduction
tous les paiemens et remboursemens. Mais ,

comment n'ont-ils pas vu que ce n'étoit-là qu'une demi-justice qui couvroit la plus horrible des injustices? Car, si le papier que mon débiteur originaire m'a donné ne valoit pas de l'or, pourquoi l'affranchissez-vous de la loi commune que vous voulez établir, lorsqu'il sera prouvé par votre tableau de dépréciation qu'il ne m'a payé que le quart ou le sixième de ma créance? Si, au contraire, vous considérez le papier comme une monnoie bonne alors, par quel caprice voulez-vous donc réduire le capital porté dans la convention que j'aurai faite avec mon second débiteur? N'est-il pas évident qu'outre la contradiction, vous accordez à tous les débiteurs, dans quelque position qu'ils se trouvent, le plus odieux des privilèges, en privant les créanciers de tout recours et de toute garantie contre ceux qui les ont remboursés? Or, pourroit-on violer plus ouvertement toutes les loix de la justice et de l'égalité.

Mais cette œuvre d'iniquité n'a pas encore paru suffisante à ses auteurs ; craignant sans doute de la résistance de la part des Tribunaux, ils se sont eux-mêmes constitués Juges souverains et en dernier ressort de tous les différends nés et à naître pour raison des transactions, de manière que les Juges ordi-

naires ne seroient plus que de simples Com=
missaires délégués pour faire exécuter le ju-
gement rendu par le Tribunal suprême du
Corps législatif.

En effet on ne se borne pas à décréter que
le papier-monnoie n'a dû avoir dans les conventions que la valeur de l'opinion ; on va
jusqu'à attaquer directement l'essence et la
nature de toutes les transactions : on com-
mente les clauses , on interprète les in-
tentions des parties, on annulle ou modifie
les conditions , on prononce sur le rescin-
dant et sur le rescisoire , on mutile les capitaux. On change la fixation des intérêts. Les
intérêts portés dans des contrats à quatre ou
cinq pour cent , par exemple , on les fixe
d'office à huit ou à dix , pour balancer la réduction que l'on veut faire sur les capitaux ,
quoiqu'ils n'existent souvent plus , comme
dans les rentes viagères , ou qu'il n'en ait
jamais existé , comme dans les pensions ; enfin après avoir ainsi porté la hâche revolu-
tionnaire dans tous les contrats , on finit par
dire que la réduction aura lieu suivant un
tableau de dépréciation qui sera fait d'office
dans chaque Département, d'après les notes
tenues à la tresorerie ; et la seule grace
qu'on a l'air de faire aux créanciers , c'est

d'ordonner aux experts de combiner le cours
de la trésorerie , pour l'or et l'argent , avec le
prix des immeubles , denrées et marchandises.
Or , si ce n'est pas là exercer la justice distri-
butive , dont le pouvoir est spécialement in-
terdit au Corps législatif par les art. 46, 202 et
204 de la Constitution , si ce n'est pas là juger
tout-à-la-fois la forme et le fonds des contes-
tations , que faudra-t-il désormais entendre
par Pouvoir judiciaire ? Au moins quand les
Tribunaux prononcent sur les différends des
particuliers , ce n'est qu'en observant les
régles de droit , dont la premiére et la plus
essentielle , sans doute , est d'appeller les parties , et de les entendre dans leurs défenses et
moyens justificatifs ; encore faut-il que le Juge
soit saisi de la contestation par la réquisition
préalable de l'une ou l'autre d'elles ; car de
sa propre autorité , il ne pourroit pas s'im-
miscer dans leurs affaires. Eh bien ! les projets de loix tranchent toutes ces difficultés.
Les Législateurs font ici ce que les Juges ont
seuls le droit de faire , et ce qu'ils n'ont pas
le droit de faire. Ils jugent d'avance , et sans
entendre les parties , tous les procès nés et à
naître entre les créanciers et leurs débiteurs.
Ils ordonnent également pour l'exécution
de leurs volontés suprémes , des estimations

par experts, lesquels ne seront pas du choix des
parties intéressées, mais du choix des administrations centrales qu'il plaira au Corps législ-
latif de commettre à cet effet, comme si, en
matière contentieuse, le Corps législatif pouvoit déléguer à ces administrations de semblables pouvoirs qu'il n'a pas lui-même.
Enfin, ils vont jusqu'à prescrire à ces
mêmes experts la marche qu'ils auront à
tenir pour le fonds de leurs opérations. Ainsi
par ce moyen nos Législateurs seroient
tout-à-la-fois Législateurs, Juges, experts et
peut-être même parties dans ce grand procès.
Et quel moment choisit-on pour faire de semblables projets ? le moment où le Corps législ-
latif s'occupe à abroger toutes les loix révo-
lutionnaires et inconstitutionnelles.

Enfin le cas où l'on se trouve, par rapport
au Papier-monnoie, n'est pas une chose nouvelle, puisque la France en fournit deux
exemples semblables, dans le même siécle.
Pendant le Systéme de Law, il y eut aussi
des obligations de toutes espéces contractées
en Papier-monnoie. Après la chûte des Billets
de banque, s'avisa-t-on de mettre en question
si les débiteurs devoient remplir leurs engagemens ? Non, sans doute. Les conventions
furent exécutées intégrallement, comme si

elles avoient été faites en numéraire métallique. La même chose est arrivée à la Nou-
vel e-Ang eterre, après la guerre de l'Amé-
rique, sans que personne ait jamais songé à
faire la moindre réclamation, ce qui prouve
combien la justice et la raison ont de l'em-
pire dans tous les pays, quand les lumières
de l'esprit n'ont pas été corrompues par les
faux systêmes et la fureur des innovations.

BOURGEOIS.

A PARIS,

Se trouve chez les Marchands de Nouveautés.